KARIBU – Ein Verlag der Edel Verlagsgruppe
5. Auflage 2025

Text: Caroline Link
Umschlag- und Innenillustrationen: SaBine Büchner
Layout und Satz: Janina Michna, designGUT Grafikdesign
Druck: optimal media GmbH, Röbel
ISBN: 978-3-96129-200-4
Printed in Germany
www.karibubuecher.de

Redaktionsanschrift:
Edel Verlagsgruppe GmbH,
Kaiserstraße 14b, 80801 München
www.edelverlagsgruppe.de/kontakt
www.karibubuecher.de/kontakt

Caroline Link · SaBine Büchner

Finnis GeHeiMNis

Kinder stark machen, NEIN zu sagen!

KARIBU

Der kleine Fuchs Finni lebt zusammen
mit seiner Mama und seinem Papa in einem
gemütlichen Fuchsbau am Waldrand.
Wenn morgens die Sonne hinter den hohen Fichten
aufgeht, bringen Mama Fuchs und Papa Fuchs
Finni in den Waldkindergarten zu Frau Eule.

Finni mag Frau Eule besonders gern und freut sich jeden Tag darauf, sie und die anderen Tierkinder zu sehen. Frau Eule ist rund und gemütlich, und vor dem Mittagsschlaf erzählt sie den Kindern die schönsten Geschichten aus dem Wald.

Seit einiger Zeit wohnt in der Nachbarschaft ein guter Freund von Mama und Papa. Er kommt oft zu Besuch, und Finni darf ihn Onkel Wolfgang nennen. Onkel Wolfgang kann ganz besonders gut mit Hammer und Säge umgehen. »Wollen wir zusammen ein Baumhaus für dich bauen?«, fragt er Finni. »Au ja!«, ruft Finni und klatscht vor Freude in die Pfoten. Mama und Papa freuen sich auch. »Was für eine aufregende Idee!«

Von nun an kommt Onkel Wolfgang jeden Nachmittag. Auf einer Astgabel hat er in null Komma nix aus Brettern einen kleinen Verschlag gebaut. Auch Finni darf helfen. Onkel Wolfgang lässt ihn sogar den großen Hammer halten und einen Nagel in den Baum schlagen. Nichts ist so toll, wie mit Onkel Wolfgang am Baumhaus zu arbeiten. Mit ihm fühlt sich Finni so richtig groß!

Eines Tages fahren Mama und Papa gemeinsam in die Stadt.
Für Finni ist das kein Problem.
»Onkel Wolfgang passt ja auf mich auf!«, sagt er fröhlich.
Die beiden arbeiten gemeinsam am Baumhaus.
»Ich hab dich ja soo lieb!«, sagt Onkel Wolfgang plötzlich und beginnt, Finni auf eine Weise zu streicheln, die Finni gar nicht gefällt.
»Lass mich,« ruft Finni »Ich will das nicht!«.
Schließlich möchte er selbst entscheiden, wer ihn streicheln darf und wer nicht! Aber Onkel Wolfgang hört nicht auf. Er streichelt den kleinen Fuchs immer weiter und gibt ihm sogar einen Kuss mitten auf die Schnauze. Finni findet das gar nicht mehr lustig.
»Das ist jetzt unser Geheimnis!«, sagt Onkel Wolfgang streng.

Als Mama und Papa nach Hause kommen, haben sie ein großes Eis für Finni dabei. Aber der kleine Fuchs hat keine Lust auf Eis. Auch zum Spielen hat er keine Lust. Er will einfach nur seine Ruhe. »Was ist denn los?«, wundert sich Mama. Aber Finni sagt nichts. Onkel Wolfgang hat gesagt, dass die Eltern sehr traurig werden, wenn er das Geheimnis verrät. Und dass er dann das Baumhaus nicht weiterbaut.

Ein paar Tage später müssen die Eltern wieder in die Stadt.
Mama bringt Finni nach dem Zähneputzen ins Bett.
»Wenn wir zurückkommen, dann schläfst du bestimmt schon tief«, sagt sie. »Aber Onkel Wolfgang ist ja da und passt auf dich auf.«
Finni zieht die Decke bis zur Nasenspitze.
Draußen vor dem Fenster werfen die Bäume gespenstische Schatten.
Leise knarzt die Tür.

»Schläfst du schon?«, flüstert Onkel Wolfgang. Er kommt immer näher. Finni hält die Luft an und kneift die Augen ganz fest zu. Er spürt, wie eine große raue Pfote langsam über seinen Körper streicht und ihn dabei überall berührt. Der kleine Fuchs ist starr wie Stein.

Draußen knirscht der Kies. Die Haustür klappert, das Licht geht an.
»Wir sind wieder da!‘«, ruft Papa fröhlich.
»Denk daran, das ist unser Geheimnis«, flüstert Wolfgang und verschwindet aus dem Zimmer.

Am nächsten Tag scheint die Sonne. Die Kinder spielen im Garten Verstecken. Aber Finni mag heute gar nicht fröhlich sein. Selbst sein bester Freund, der kleine Hase, kann ihn heute nicht aufheitern. »Was ist denn? Ist dir was Doofes passiert?«, fragt der Hase besorgt.

»Nein, nein«, antwortet Finni. Er traut sich nicht, mit den anderen darüber zu sprechen, dass Onkel Wolfgang ihn immer so komisch anfasst und ihm Angst macht.

Da kommt Frau Eule angeflogen.
»Finni!«, sagt sie mit ihrer sanften,
warmen Stimme. »Komm mal mit mir mit!«
Sie setzt sich mit Finni ein bisschen abseits
von den anderen Kindern unter den alten Apfelbaum.
»Hör zu, ich erzähl dir mal was!«
Und sie erzählt Finni von einem kleinen Menschenkind,
das ein schlechtes Geheimnis hatte.
Weil das Kind niemandem etwas sagte, wuchs das Geheimnis
in seinem Bauch wie eine stachelige Pflanze, wurde immer größer
und größer und zwickte und pikste ganz schrecklich.
Das Menschenkind bekam furchtbare Bauchschmerzen.
Aber dann hat es das Geheimnis einem Erwachsenen
erzählt, und es war weg.

Frau Eule lächelt Finni an.
»Erzählst du mir auch eine Geschichte?«, fragt sie ihn.
»Vielleicht hast du ja auch ein Geheimnis, das in deinem Bauch pikst und zwickt?«

Der kleine Fuchs denkt daran, was Onkel Wolfgang gesagt hat.
Er will nicht, dass seine Eltern traurig werden, und er möchte so gerne weiter an dem Baumhaus bauen!
Aber ein piksiges Geheimnis will er auch nicht mehr im Bauch haben.
Also erzählt er Frau Eule von der rauen Pfote, die ihn immerzu anfassen will, und von dem Schatten, der nachts in sein Zimmer schleicht.

Schützend legt Frau Eule Finni ihren Flügel um die Schultern.
»Das war sehr mutig, dass du mir dein Geheimnis erzählt hast.«

Als Mama und Papa kurz darauf den kleinen Fuchs im Kindergarten abholen, nehmen sie ihn fest in die Arme. Gemeinsam mit Frau Eule schafft Finni es, den Eltern von seinem Geheimnis zu erzählen.

»Das war ein sehr schlechtes Geheimnis. Wie gut, dass du es verraten hast!«, flüstert Mama liebevoll.

»Ich bin sehr stolz auf dich, Finni!«, sagt Papa.

»Was Onkel Wolfgang gemacht hat, war falsch. Er kommt nie wieder zu Besuch! Und das Baumhaus, das bauen wir beide gemeinsam fertig!«

Finni kuschelt sich fest an Mama und Papa. Jetzt muss er keine Angst mehr haben.

Liebe Eltern, liebe Erzieher*innen und liebe Vorlesende,

es ist nicht einfach mit Kindern über das Thema sexualisierte Gewalt und Übergriffe zu sprechen. Meistens tun wir es nur, indem wir die Kinder davor warnen, nicht mit Fremden mitzugehen. Finni hat daher großen Mut bewiesen, sich dem »Bauchweh-Geheimnis« zu stellen, und ist auf offene Ohren bei Frau Eule und seinen Eltern gestoßen!

Er steht in dieser Geschichte symbolisch für viele Tausende Kinder, die jedes Jahr in Deutschland sexualisierte Übergriffe erleben – meistens durch Menschen, die sie gut kennen und denen sie auch vertrauen. Aus Gewaltübergriffen werden dann häufig Geheimnisse, über die sie mit niemandem sprechen können. Und zurück bleibt ein Kind, das verunsichert und allein mit dem Erlebten ist.

Es wird davon ausgegangen, dass neun von zehn betroffenen Kindern sich niemandem anvertrauen – oder auch kein Gehör finden. Finnis Geheimnis kann daher als Einstieg und Gesprächsgrundlage für dieses schwierige Thema dienen.
Das Buch signalisiert: Jeder kann helfen und Kinder in dieser misslichen Lage unterstützen.

Denn wir können alle etwas gegen »Bauchweh-Geheimnisse« tun:

- Sprechen Sie mit Kindern über gute und schlechte Geheimnisse.
- Hören Sie dem Kind ruhig zu, wenn es anfängt zu erzählen, und schenken Sie ihm Glauben.
- Vermeiden Sie bohrende Fragen.
- Und wenn Sie einen Verdacht haben – möge er noch so klein sein –, suchen Sie Rat bei einer Hilfestelle.